MÉMOIRE

PRÉSENTÉ A MONSIEUR LE MAIRE DE MARSEILLE

Par M. G. DELAHANTE

GÉRANT

de la Compagnie lyonnaise des Omnibus, Voitures et Voies ferrées.

MÉMOIRE

PRÉSENTÉ A MONSIEUR LE MAIRE DE MARSEILLE

Par M. G. DELAHANTE

GÉRANT

de la Compagnie lyonnaise des Omnibus, Voitures et Voies ferrées.

AVRIL 1860.

PARIS

IMPRIMERIE CENTRALE DES CHEMINS DE FER

DE NAPOLÉON CHAIX ET Cⁱᵉ,

Rue Bergère, 20, près du boulevard Montmartre.

1860

MÉMOIRE

Monsieur le Maire,

Mon frère a eu l'honneur de vous entretenir à plusieurs reprises de ma part de la situation déplorable qui a été faite par l'autorité municipale de Marseille à la Compagnie lyonnaise des omnibus, voitures et voies ferrées, dont je suis le gérant.

Depuis l'époque où le traité du 23 novembre 1854 a été signé, les engagements contractés par la ville vis-à-vis des entrepreneurs du service public qu'elle venait de créer, sont restés à l'état de lettre morte, et toutes les réclamations que nous avons adressées et renouvelées jusqu'à l'importunité, pour obtenir d'être enfin mis en possession d'un privilége si chèrement payé, sont restées sans résultat. L'inertie qui nous a été opposée, lorsqu'il s'agissait de faire droit à nos justes réclamations, a toujours fait place à la plus grande énergie, toutes les fois qu'il s'est agi de satisfaire à des exigences quelconques du public, et, sourde à nos plaintes, lorsque nous réclamions ce qui nous était dû, l'autorité municipale a eu recours aux mesures de police les plus rigoureuses, comme aux interprétations les plus discutables de notre traité, toutes les fois qu'il s'est agi de nous imposer des charges nouvelles.

Une semblable situation était d'autant plus intolérable qu'elle a constitué notre entreprise en pertes énormes, alors que la loyale exécution de notre contrat devait nous assurer la légitime rémunération de notre travail et de notre industrie. Quelle que fût notre répugnance à recourir aux voies judiciaires, l'inutilité de nos réclamations, sans cesse reproduites pendant quatre années, rendait absolument nécessaire le procès que nous voulions éviter, et, après avoir pris l'avis de mes conseils, j'ai dû me décider, pour mettre à l'abri ma responsabilité vis-à-vis des actionnaires de la Compagnie, à adresser à S. Ex. M. le Ministre de l'Intérieur, sous la date du 12 décembre 1859, un mémoire par lequel je demande :

1° Que l'autorité municipale soit obligée à mettre la Compagnie en possession du privilége qui lui a été concédé ;

2° Que la ville soit obligée à restituer à la Compagnie toutes les sommes versées à la caisse municipale, depuis la signature du traité jusqu'à ce jour, en exécution de l'article 4, et qu'elle ne devait qu'en retour et en compensation du privilége en jouissance duquel elle n'a pas encore été mise ;

3° Que des experts soient désignés pour constater le tort qui a été fait à la Compagnie par les concurrences que la ville a laissé subsister, et que la ville soit obligée à indemniser la Compagnie du montant de ces constatations.

Depuis l'époque où j'ai présenté ce mémoire au Ministre, le Corps municipal de la ville de Marseille a été dissous ; une nouvelle Municipalité a été organisée, et c'est à vous, monsieur le Maire, qu'ont été transmis par l'autorité supérieure le mémoire dont je viens de parler et la consultation qui l'accompagnait, et qu'a rédigée l'honorable M. Mathieu-Bodet.

Ces deux pièces établissent le droit de la Compagnie de la manière la plus incontestable. Vous avez bien voulu prendre la peine de les lire avec soin, et notre bon droit ne peut faire l'objet d'aucun doute dans votre esprit. Le but de la présente lettre n'est donc pas, monsieur le Maire, d'ajouter de nouveaux développements aux explications soumises à M. le Ministre ; mais aujourd'hui que nous nous trouvons en présence d'un nouveau Corps municipal, auquel il appartient de suivre le procès que nous avons intenté à ses prédécesseurs, nous avons à cœur de prouver une fois de plus combien les contestations judiciaires sont peu dans notre goût, et de nous mettre entièrement à la disposition de la nouvelle administration municipale, pour nous entendre avec elle sur une transaction propre à mettre fin au litige.

Mon frère a eu l'honneur de vous expliquer comment il nous paraissait possible de transiger sur cette affaire, et je viens aujourd'hui, suivant votre désir, formuler les conditions auxquelles il me paraîtrait possible à la Compagnie de renoncer à la plupart de ses réclamations.

Quelque considérable que soit le préjudice que nous a causé la non-exécution des engagements de la ville (nous nous sommes bornés à en demander l'évaluation par des experts; mais il s'élève dans nos estimations personnelles à plus d'un million de francs), je vois la possibilité pour la ville de Marseille de nous assurer, sans bourse délier, une compensation équitable de ce préjudice par une révision de notre traité. Elle peut en effet par là améliorer pour l'avenir les conditions de notre exploitation et asseoir plus solidement entre nos mains la propriété d'un privilége dont nous espérons retirer des avantages suffisants, le jour où la jouissance nous en sera assurée avec la sincérité dont l'administration d'une grande ville comme Marseille ne saurait s'écarter, et avec la fermeté que nous sommes certains de trouver dans l'exercice de votre autorité.

J'ai donc l'honneur, monsieur le Maire, de vous adresser, sous la forme d'un nouveau traité destiné à remplacer l'ancien, un projet de transaction que je vous prie de vouloir bien soumettre à MM. les membres du Conseil municipal.

Afin d'en rendre l'examen plus facile à ces messieurs, j'ai fait reproduire à la suite de la présente lettre le traité de 1854 en regard du projet de transaction que j'ai l'honneur de proposer à la ville. J'y ai joint une note présentant, article par article, des explications détaillées sur la portée des modifications que je propose, et j'ai enfin fait suivre le tout du texte du mémoire adressé par moi à S. Exc. M. le Ministre de l'Intérieur, et de la consultation qui l'accompagnait.

MM. les membres du Conseil municipal trouveront ainsi réunis tous les documents propres à les fixer sur le mérite de la proposition que j'ai l'honneur de leur soumettre, et sur laquelle vous avez bien voulu nous promettre de les appeler promptement à délibérer.

Permettez-moi, monsieur le Maire, en terminant cette lettre, d'appeler votre attention et celle de MM. les membres du Conseil municipal sur un point qui domine toute la question soumise à votre sagesse, et dont l'évidence ne peut manquer de frapper votre esprit.

Depuis le jour où, par la concentration en une seule main du transport en commun des voyageurs, la ville a voulu faire du service des omnibus un service public, les entrepreneurs de ce service ont fait des pertes considérables, et ce, par la faute de la ville. N'est-il pas de toute évidence que cette situation est en opposition radicale avec les intérêts bien entendus de la ville ? N'est-il pas de toute évidence que le public ne peut être bien servi par les entrepreneurs du service des omnibus, que s'ils trouvent la légitime rémunération de leur industrie, et qu'en ruinant par son mauvais vouloir la Compagnie lyonnaise, l'autorité municipale rendrait impossible toute amélioration sérieuse du service ?

Si la ville veut que le public soit bien servi, il faut qu'elle tienne fidèlement ses engagements vis-à-vis des entrepreneurs; il faut plus encore, permettez-moi de le dire, il faut qu'elle seconde sincèrement leurs efforts.

Je suis fermement convaincu que ce sont les vues de votre administration, et qu'elles ne peuvent manquer d'avoir l'adhésion de MM. les membres du Conseil municipal.

Veuillez agréer, monsieur le Maire, l'assurance de ma très-haute considération.

Le Gérant de la Compagnie lyonnaise,

G. DELAHANTE.

PIÈCES A L'APPUI.

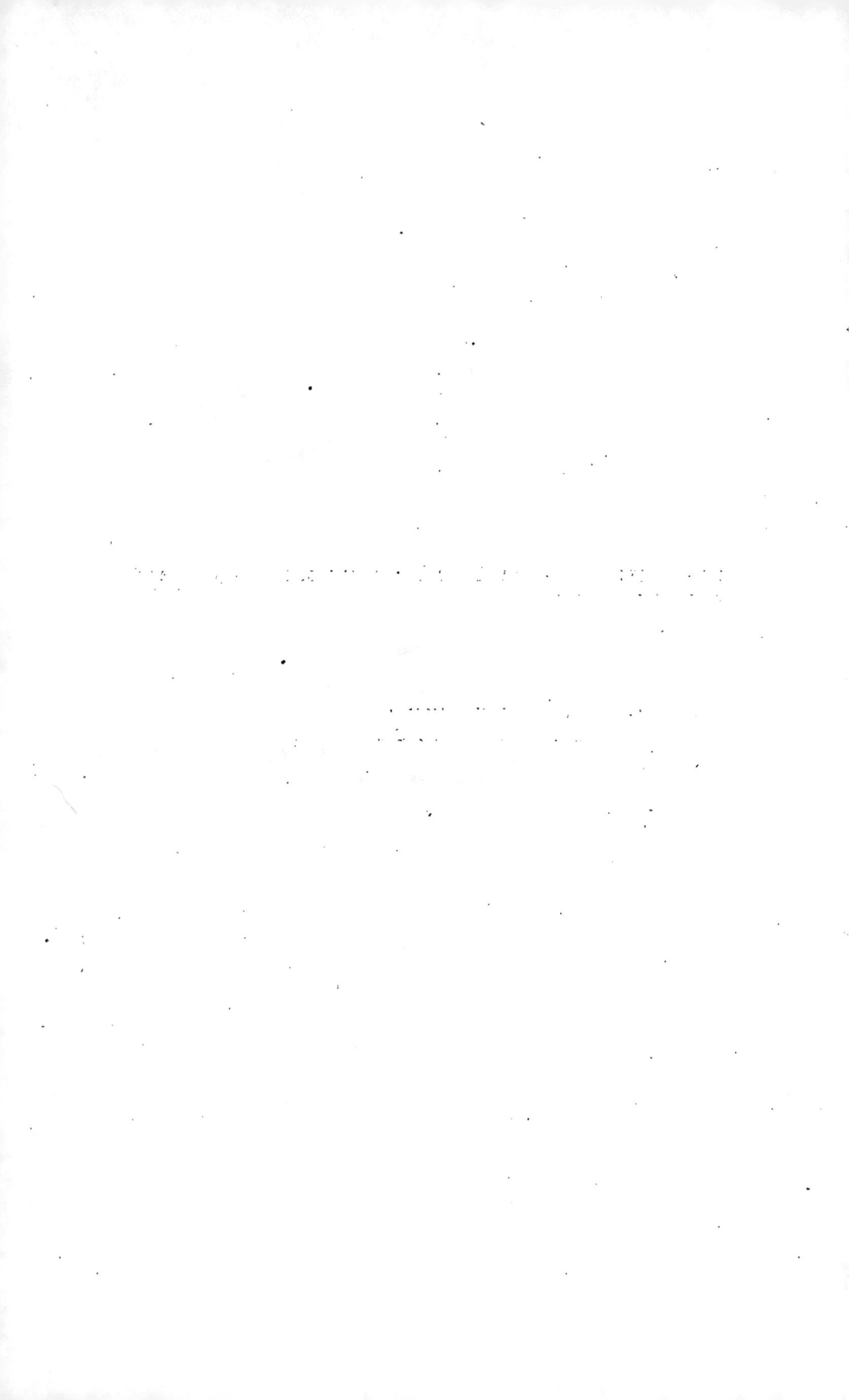

I

TRAITÉ DU 23 NOVEMBRE 1854

ET

PROJET DE TRANSACTION

PROPOSÉ PAR LA COMPAGNIE LYONNAISE.

TRAITÉ DU 23 NOVEMBRE 1854.

Par le présent, fait double,

Entre M. Jean-François Honnorat, premier adjoint, remplissant par intérim les fonctions de Maire de Marseille, d'une part;

Et MM. Crémieu père et fils, propriétaires de voitures, domiciliés et demeurant à Marseille, d'autre part;

A été convenu ce qui suit :

ARTICLE PREMIER.

Dans le but de donner au transport en commun des voyageurs dans la ville et dans le territoire de Marseille l'unité d'action qui peut seule permettre d'apporter dans cet important service les améliorations qu'il est susceptible de recevoir, M. Honnorat concède à MM. Crémieu père et fils, et ce, pour vingt années qui commenceront le 1er juin 1855 et finiront le 31 mai 1875, le droit exclusif de faire circuler les voitures employées audit transport, avec stationnement sur la voie publique, conformément aux règlements.

Toutefois, MM. Crémieu père et fils sont autorisés à commencer partiellement le service à dater du 1er mai 1855.

Cette concession ne comprend pas le service des voitures faisant le transport en commun des voyageurs partant ou arrivant par les chemins de fer, qui a fait l'objet de l'arrêté de M. le Préfet, du 28 février 1849, ni le service des voitures faisant le transport en commun des voyageurs et des bagages à l'arrivée et au départ des paquebots de la Compagnie des services maritimes des

PROJET DE TRANSACTION PROPOSÉ PAR LA COMPAGNIE LYONNAISE.

Entre M. le Maire de Marseille, d'une part ;

Et M. Gustave Delahante, agissant au nom et pour le compte de la Compagnie lyonnaise des omnibus, voitures et voies ferrées dont il est le gérant, et dont le siége social est à Paris, rue du Mont-Thabor, n° 6, d'autre part ;

Il a été convenu, à titre de transaction, sur l'instance introduite par la Compagnie lyonnaise contre la ville de Marseille, que le traité intervenu à la date du 23 novembre 1854 entre M. le Maire de Marseille et MM. Crémieu père et fils, aux droits desquels est aujourd'hui substituée la Compagnie lyonnaise, serait modifié de la manière suivante :

ARTICLE PREMIER.

Dans le but de donner au transport en commun des voyageurs dans la ville et le territoire de Marseille l'unité d'action qui peut seule permettre d'apporter dans cet important service les améliorations qu'il est susceptible de recevoir, M. le Maire concède à la Compagnie lyonnaise des omnibus, voitures et voies ferrées, et ce, pour trente années qui ont commencé le 1ᵉʳ juin 1855 et finiront le 31 mai 1885, le droit exclusif de faire circuler les voitures employées audit transport, avec stationnement sur la voie publique, conformément aux règlements.

Cette concession ne comprend pas le service des voitures faisant le transport en commun des voyageurs partant ou arrivant par les chemins de fer, qui a fait l'objet de l'arrêté de M. le Préfet du 28 février 1849.

TRAITÉ DU 23 NOVEMBRE 1854.

Messageries impériales et au service public d'omnibus, établis en vertu de l'arrêté de M. le Préfet du 18 mai 1854.

Elle ne fera pas non plus obstacle au droit qui appartient au maire d'autoriser l'établissement des voies ferrées sur la voie publique, et ce, sans indemnité pour MM. Crémieu père et fils.

Art. 2.

MM. Crémieu père et fils s'obligent à desservir toutes les lignes existantes ci-après énumérées :

1re *Division.*

Le Prado, le Château des Fleurs et la mer ;
Le Roucas-Blanc et Endoume ;
Bonneveine et Montredon ;
Saint-Giniez et Mazargues.

2e *Division.*

Le Rouet, Sainte-Marguerite et le Cabot ;
La Capelette, Saint-Loup et Saint-Marcel ;
Saint-Pierre, la Pomme, la Valentine et les Camoins.

3e *Division.*

Les Chartreux, Saint-Just, la Rose, Saint-Jérôme et Château-Gombert ;
Saint-Barnabé et Saint-Julien ;
Montolivet.

4e *Division.*

Arenc, les Crottes, Saint-Louis et Saint-Antoine ;
Les Aygalades, Saint-Joseph et Sainte-Marthe ;
La Madrague et Saint-Henri.

PROJET DE TRANSACTION PROPOSÉ PAR LA COMPAGNIE LYONNAISE.

Art. 2.

La Compagnie lyonnaise s'oblige à desservir toutes les lignes existantes ci-après dénommées :

1° De la place de la Joliette à la place Royale;
— à la place Paradis;
— au jardin Zoologique;

2° De la place Saint-Louis à Bonneveine et Montredon;
— à Saint-Giniez et Mazargues;
— au Prado, le Château des Fleurs, la mer, le Roucas-Blanc et le vallon de l'Oriol;

3° Du cours Belzunce à la Madrague de la ville;
— à Arenc, les Crottes, Saint-Louis, Saint-Antoine et Saint-Henri.
— aux Aygalades, Saint-Joseph et Sainte-Marthe;

4° De la place Royale à Endoume;
— aux Chartreux, Saint-Just, la Rose, Saint-Jérôme et Château-Gombert;
— à la Valentine et aux Camoins;
— à la Capelette et Saint-Loup;
— au Rouet, Sainte-Marguerite, Saint-Tronc et le Cabot;

5° De la place de l'Oriol à Saint-Marcel;
— à Saint-Pierre et la Pomme;

6° De la place des Capucines à Saint-Julien, Saint-Barnabé et Montolivet.

3

TRAITÉ DU 23 NOVEMBRE 1854.

MM. Crémieu père et fils seront, à cet effet, substitués, à partir du 1er juin 1855, aux entrepreneurs qui desservent ces lignes et dont les autorisations seront et demeureront révoquées à partir de ladite époque.

En considération de l'intérêt qu'inspire à l'administration municipale la position de ces divers entrepreneurs, MM. Crémieu père et fils se chargeront de tout leur matériel, utilisable ou non.

La valeur de ce matériel sera estimée par trois experts, dont l'un sera nommé par MM. Crémieu père et fils, le second par chacun des entrepreneurs particuliers, et le troisième par M. le Maire.

Cette valeur sera payée aux entrepreneurs, ou s'ils le préfèrent, convertie en actions qui donneront à leurs propriétaires un intérêt proportionnel dans l'entreprise Crémieu père et fils.

Une commission de trois membres, dont deux seront nommés par M. le Maire et le troisième par MM. Crémieu père et fils, sera chargée de désigner la portion du matériel appartenant aux entrepreneurs actuels qui devra faire l'objet de l'expertise mentionnée dans le paragraphe précédent.

Les entrepreneurs auront à faire connaître, un mois après l'approbation du présent traité par l'autorité préfectorale, quel est, en voitures et en chevaux, le matériel qu'ils veulent offrir à MM. Crémieu père et fils, et le mode de paiement qu'ils auront choisi.

La prise de possession du matériel acheté devra avoir lieu un mois après cette déclaration.

MM. Crémieu père et fils se substitueront également aux entrepreneurs actuels pour les locaux ou remises à leur usage formant des conventions sérieuses de bail.

Cette substitution aura lieu à partir du

MM. Crémieu père et fils promettent, en outre, d'employer, suivant leur capacité, dont M. le Maire restera juge, après avoir entendu MM. Crémieu père et fils, les personnes attachées à ces diverses entreprises de préférence à toutes autres qui seraient moins au fait des habitudes et des besoins locaux. Il est bien entendu que ces employés seront tenus de se soumettre à toutes les obligations imposées aux autres employés de MM. Crémieu père et fils.

PROJET DE TRANSACTION PROPOSÉ PAR LA COMPAGNIE LYONNAISE.

La Compagnie reste à cet effet substituée aux entrepreneurs qui desservaient autrefois ces lignes, et dont l'autorité municipale s'est engagée à révoquer les autorisations à partir du 1er juin 1855.

TRAITÉ DU 23 NOVEMBRE 1854.

Art. 3.

Le matériel roulant employé par MM. Crémieu père et fils est fixé à 80 voitures. Dans ce nombre ne sont pas comprises les voitures supplémentaires que MM. Crémieu père et fils seront autorisés à mettre en roulement les dimanches et jours de fête. Si le nombre de 80 voitures était dépassé, MM. Crémieu père et fils paieraient à l'administration municipale, en sus de l'allocation annuelle fixée par l'art. 4 ci-après, une redevance mensuelle, par chaque voiture, déterminée à raison de 35 fr. par voiture de 16 places d'intérieur, et proportionnellement pour les voitures ayant un plus ou moins grand nombre de places.

MM. Crémieu père et fils ne pourront pas mettre en circulation des voitures ayant moins de 6 places d'intérieur.

Art. 4.

En retour et en compensation du privilége qui leur est accordé, MM. Crémieu père et fils paieront à la ville une redevance de 33,000 fr. par an, pendant toute la durée du marché.

Cette somme sera versée à la caisse municipale par douzième et d'avance.

Art. 5.

Si M. le Maire juge nécessaire l'établissement de nouvelles lignes d'omnibus, MM. Crémieu père et fils devront se conformer à ses réquisitions dans le délai qu'il aura fixé, après qu'ils auront été entendus.

PROJET DE TRANSACTION PROPOSÉ PAR LA COMPAGNIE LYONNAISE.

ART. 3.

Le matériel roulant employé par la Compagnie lyonnaise est fixé à 80 voitures. Dans ce nombre ne sont pas comprises les voitures supplémentaires que la Compagnie sera autorisée à mettre en roulement les dimanches et jours de fête. Si le nombre de 80 voitures était dépassé, la Compagnie paierait à la ville, en sus de l'allocation annuelle fixée par l'art. 4 ci-après, une redevance mensuelle, par chaque voiture, déterminée à raison de 35 fr. par voiture de 16 places d'intérieur, et proportionnellement pour les voitures ayant un plus ou moins grand nombre de places.

La Compagnie ne pourra pas mettre en circulation des voitures ayant moins de 6 places d'intérieur.

ART. 4.

En retour et en compensation du privilége qui lui est accordé, la Compagnie lyonnaise payera à la ville une redevance de 33,000 francs par an, à partir du 1er juin 1865 jusqu'au 31 mai 1875. Cette redevance sera portée à 50,000 francs par an depuis le 1er juin 1875 jusqu'au 31 mai 1885.

Cette somme sera versée à la caisse municipale par douzième et d'avance.

ART. 5.

Dans le cas où l'autorité municipale jugerait nécessaire l'établissement de nouvelles lignes d'omnibus ou le développement du service sur les lignes actuellement établies, la Compagnie devra se conformer aux injonctions qu'elle recevra à cet égard. Néanmoins il est entendu que le droit de réquisition que la ville se réserve ne pourra être exercé que lorsque la recette moyenne, par jour et par voiture, sur l'ensemble des voitures en roulement régulier, se sera élevée, pendant un an, à la somme de 55 francs, et que l'augmentation requise ne devra pas dépasser le dixième du nombre des omnibus ; mais ces réquisitions pouvant se renouveler aussi souvent que l'intérêt du service l'exigera, le nombre des omnibus que la ville est en droit de faire établir demeure illimité.

TRAITÉ DU 23 NOVEMBRE 1854.

Art. 6.

Les voitures affectées au service des omnibus devront être établies avec uniformité et élégance, et maintenues dans un parfait état de propreté et d'entretien.

L'administration municipale accepte, comme modèles provisoires, les voitures qui font en ce moment le service du port de la Joliette, dont les dimensions pourront cependant être modifiées.

Elle accepte aussi les voitures qui composent le matériel actuellement employé par MM. Crémieu père et fils, soit sur la ligne du Prado, soit sur celle de Saint-Just.

M. le Maire se réserve le droit de prescrire à l'avenir les améliorations dont ces voitures seront reconnues susceptibles dans l'intérêt de la sûreté et de la commodité des voyageurs.

Art. 7.

Les conducteurs et employés seront revêtus d'un costume uniforme.

Art. 8.

Les tarifs actuels pour le prix du transport des voyageurs sur les divers points de la ville et du territoire sont maintenus,

MM. Crémieu étant toutefois autorisés à les réduire, soit provisoirement, soit définitivement, dans telles proportions qu'ils jugeront convenables.

Art. 9.

Il y aura, entre les lignes desservies par les omnibus de MM. Crémieu père et fils, un échange de correspondances au profit des personnes qui voudront circuler d'un quartier de la ville ou de la banlieue à un autre quartier; ces correspondances, comprenant deux parcours, ne donneront cependant

PROJET DE TRANSACTION PROPOSÉ PAR LA COMPAGNIE LYONNAISE.

ART. 6.

Les voitures affectées au service des omnibus devront être établies avec uniformité et élégance et maintenues dans un parfait état de propreté et d'entretien.

L'administration municipale accepte comme modèles provisoires les voitures actuellement employées par la Compagnie.

M. le maire se réserve le droit de prescrire à l'avenir les améliorations dont ces voitures seront reconnues susceptibles dans l'intérêt de la sûreté et de la commodité des voyageurs.

ART. 7.

Les conducteurs et employés du service actif seront revêtus d'un costume uniforme.

La Compagnie sera tenue de placer, indépendamment du cocher, un conducteur sur chacune des voitures dont le parcours ne dépassera pas les limites actuelles de l'octroi.

ART. 8.

Les tarifs actuels pour le prix du transport des voyageurs sur les divers points de la ville et du territoire sont maintenus ;

La Compagnie lyonnaise étant toutefois autorisée à les réduire soit provisoirement, soit définitivement, dans telles proportions qu'elle jugera convenables.

ART. 9.

Il y aura entre les lignes desservies par les omnibus de la Compagnie lyonnaise un échange de correspondances au profit des personnes qui voudront circuler d'un quartier de la ville ou de la banlieue à un autre quartier. Ces correspondances, comprenant deux parcours, ne donneront cependant

TRAITÉ DU 23 NOVEMBRE 1854.

droit, au profit de MM. Crémieu père et fils, qu'à la perception du prix du parcours le plus éloigné. MM. Crémieu père et fils s'obligent à établir ce système de correspondance pour toutes les lignes qui font l'objet du présent traité, avec la ligne de la Joliette qui en est en dehors. Cependant MM. Crémieu père et fils pourront supprimer ces correspondanes sur tout ou partie du service, les dimanches et jours de fête.

Art. 10.

MM. Crémieu père et fils seront tenus d'établir un local à agréer par l'administration municipale au point central du réseau, pour joindre et relier les services entre eux à l'aide de ces correspondances. Ils établiront, en outre, des pavillons munis de pendules aux points extrêmes et centraux de chaque ligne, pour le contrôle des services et l'attente des voyageurs.

Art. 11.

M. le Maire nommera, sur la présentation de MM. Crémieu père et fils, et fera assermenter un certain nombre de contrôleurs qui seront payés par MM. Crémieu père et fils.

Ces contrôleurs ajouteront aux fonctions qu'ils rempliront pour compte de MM. Crémieu père et fils, celle de surveillants sur la voie publique, et feront observer les règlements de voirie aux voituriers et aux rouliers.

Art. 12.

M. le Maire se réserve le droit d'imposer à MM. Crémieu père et fils, soit par forme d'essai, soit définitivement, l'emploi de tout nouveau mode de locomotion qui pourrait se produire et qui serait reconnu présenter des avantages sous le rapport, soit de la sûreté de la circulation, soit de la commodité du public.

Si l'adoption d'un système nouveau avait pour résultat un accroissement notable dans les produits nets de l'exploitation, MM. Crémieu père et fils seraient tenus de faire participer le public et la ville à ces avantages, au moyen d'un abaissement de tarif du prix des places et d'une augmentation de la redevance stipulée dans l'article 4 en faveur de la ville. A cet effet, MM. Crémieu père et fils remettront annuellement à la mairie un état de situation de la Compagnie, et l'administration aura la faculté de prendre connaissance, en tout état de cause, des livres et écritures.

PROJET DE TRANSACTION PROPOSÉ PAR LA COMPAGNIE LYONNAISE.

droit, au profit de la Compagnie, qu'à la perception du prix du parcours le plus éloigné.

Néanmoins la Compagnie pourra supprimer les correspondances sur tout ou partie du service, les dimanches et jours de fête.

ART. 10.

La Compagnie lyonnaise sera tenue d'établir un local à agréer par l'administration municipale au point central du réseau pour joindre et relier entre eux les services à l'aide de ces correspondances. Elle établira, en outre, des pavillons munis de pendules aux points extrêmes et centraux de chaque ligne pour le contrôle et l'attente des voyageurs.

ART. 11.

M. le Maire nommera, sur la présentation de la Compagnie, et fera assermenter un certain nombre de contrôleurs qui seront payés par la Compagnie.

Ces contrôleurs ajouteront aux fonctions qu'ils rempliront pour compte de la Compagnie, celle de surveillants sur la voie publique, et feront observer les règlements de voirie aux voituriers et aux rouliers.

ART. 12.

M. le Maire se réserve le droit d'imposer à la Compagnie, soit par forme d'essai, soit définitivement, l'emploi de tout nouveau mode de locomotion qui pourrait se produire et qui serait reconnu présenter des avantages sous le rapport, soit de la sûreté de la circulation, soit de la commodité du public.

Si l'adoption d'un nouveau système avait pour résultat un accroissement notable dans les produits nets de l'exploitation, la Compagnie serait tenue de faire participer le public et la ville à ces avantages, au moyen d'un abaissement de tarif du prix des places et d'une augmentation de la redevance stipulée dans l'article 4 en faveur de la ville. A cet effet, le gérant remettra annuellement à la mairie un état de situation de la Compagnie, et l'administration aura la faculté de prendre connaissance en tout état de cause des livres et écritures.

4

TRAITÉ DU 23 NOVEMBRE 1854.

Le Maire sera juge de savoir s'il y a accroissement notable dans les produits de l'entreprise, et il prononcera sur les questions relatives tant à cet accroissement qu'à la proportion des avantages dont le public et la ville devront profiter, sur l'avis du Conseil municipal, MM. Crémieu père et fils préalablement entendus.

ART. 13.

Si pendant le cours des vingt années de la concession, MM. Crémieu père et fils ou leurs successeurs, par une cause quelconque, sauf le cas de force majeure, venaient à cesser leur exploitation, ou étaient hors d'état de la continuer, ils seraient déchus de plein droit, et par un arrêté du maire, du bénéfice du présent traité.

Dans ce cas, l'administration municipale pourvoirait au service par tel moyen qu'elle jugerait convenable.

A cet effet, elle prendrait immédiatement possession provisoire des voitures, des chevaux, des approvisionnements et de tout le matériel de l'exploitation, ainsi que des écuries, magasins et autres locaux dépendant de cette exploitation.

ART. 14.

Dans le cas où, à l'occasion du service dont ils sont chargés, MM. Crémieu père et fils donneraient lieu à des plaintes graves et reconnues fondées par le Maire, la présente concession pourra leur être retirée, si, après avoir été mis en demeure par l'autorité administrative, ils ne font pas cesser immédiatement le mauvais service qui aura motivé ces plaintes.

La concession pourra être également retirée, après une mise en demeure administrative, en cas de non-paiement aux époques fixées de la redevance.

Il en sera de même, si MM. Crémieu père et fils ne défèrent pas, dans le délai fixé, aux réquisitions que M. le Maire s'est réservé de leur adresser.

ART. 15.

MM. Crémieu père et fils fourniront tous les trois mois un état indicatif des noms et demeures des personnes employées au service actif.

Le Maire aura le droit d'ordonner le renvoi, soit définitif, soit temporaire de ces personnes, lorsqu'elles auront donné lieu, soit à l'occasion du service, soit pour toute autre cause, à des plaintes qu'il jugera fondées.

PROJET DE TRANSACTION PROPOSÉ PAR LA COMPAGNIE LYONNAISE.

Le Maire sera juge de la question de savoir s'il y a accroissement notable dans les produits de l'entreprise, et il prononcera sur les questions relatives tant à cet accroissement qu'à la proportion des avantages dont le public et la ville devront profiter, sur l'avis du Conseil municipal, la Compagnie préalablement entendue.

ART. 13.

Si, pendant le cours des trente années de la concession, la Compagnie lyonnaise ou ses successeurs, par une cause quelconque, sauf le cas de force majeure, venait à cesser son exploitation ou était hors d'état de la continuer, elle serait déchue de plein droit, et par un arrêté du Maire, du bénéfice du présent traité.

Dans ce cas, l'administration municipale pourvoirait au service par tel moyen qu'elle jugerait convenable.

A cet effet, elle prendrait immédiatement possession provisoire des voitures, des chevaux, des approvisionnements et de tout le matériel de l'exploitation, ainsi que des écuries, magasins et autres locaux dépendant de cette exploitation.

ART. 14.

Dans le cas où, à l'occasion des services dont elle est chargée, la Compagnie donnerait lieu à des plaintes graves et reconnues fondées par le Maire, la présente concession pourra lui être retirée, si, après avoir été mise en demeure par l'autorité administrative, elle ne fait pas cesser immédiatement le mauvais service qui aura motivé ces plaintes.

La concession pourra être également retirée après une mise en demeure administrative, en cas de non-paiement aux époques fixées de la redevance.

Il en sera de même si la Compagnie ne défère pas, dans le délai fixé, aux réquisitions que M. le Maire s'est réservé de lui adresser.

ART. 15.

La Compagnie fournira tous les trois mois un état indicatif des noms et demeures des personnes employées au service actif.

Le Maire aura le droit d'ordonner le renvoi, soit définitif, soit temporaire de ces personnes, lorsqu'elles auront donné lieu, soit à l'occasion du service, soit pour toute autre cause, à des plaintes qu'il jugera fondées.

TRAITÉ DU 23 NOVEMBRE 1854.

Art. 16.

A l'expiration de la concession, ou en cas de retrait de ladite concession dans les cas prévus ci-dessus, MM. Crémieu père et fils s'engagent à céder, soit à la ville, soit au nouveau concessionnaire, tout leur matériel d'exploitation à dire d'experts et sans autre indemnité.

D'autre part, M. le Maire consent à accorder à MM. Crémieu père et fils ou à leurs successeurs, pour la continuation et le renouvellement du présent traité, la préférence sur tous autres entrepreneurs qui se présenteraient pour le même service, sans offrir de plus grands avantages.

Art. 17.

Il demeure bien entendu que le présent traité ne pourra avoir pour effet de soustraire MM. Crémieu père et fils à l'exécution des règlements faits ou à faire par M. le Maire dans la limite de ses attributions et dans l'intérêt de la sûreté et de la commodité de la circulation.

Art. 18.

Dans le délai de deux mois, à partir de l'approbation du présent traité par l'autorité supérieure, MM. Crémieu père et fils soumettront à M. le Maire le projet de réorganisation du service, par suite de sa concentration en leurs mains.

Ils indiqueront notamment le tracé des lignes, le nombre des voitures qui les desserviront, l'intervalle entre chaque départ, la durée des parcours et les correspondances avec les autres lignes.

Lorsque ce projet, auquel l'administration municipale fera subir tous les changements et toutes les modifications qu'elle jugera nécessaires ou utiles, aura été adopté par le Maire, MM. Crémieu père et fils ne pourront y apporter que les changements approuvés par lui ; mais l'administration municipale pourra de son côté y prescrire toutes les modifications qu'elle jugera à propos, et ordonner même la suppression, totale ou partielle, des lignes, soit temporairement, soit définitivement.

Art. 19.

Les présents accords ne seront définitifs qu'après avoir été soumis à l'agrément du Conseil municipal et à l'approbation de M. le Préfet.

Fait à Marseille, à l'Hôtel de ville, le 23 novembre 1854.

Signé :

CRÉMIEU père et fils.   HONNORAT.

PROJET DE TRANSACTION PROPOSÉ PAR LA COMPAGNIE LYONNAISE.

ART. 16.

A l'expiration de la concession ou en cas de retrait de ladite concession dans les cas prévus ci-dessus, la Compagnie s'engage à céder, soit à la ville, soit au nouveau concessionnaire, tout son matériel d'exploitation, à dire d'experts, et sans autre indemnité.

D'autre part, M. le Maire consent à accorder à la Compagnie lyonnaise ou à ses successeurs, pour la continuation et le renouvellement du présent traité, la préférence sur tous autres entrepreneurs qui se présenteraient pour le même service, sans offrir de plus grands avantages.

ART. 17.

Il demeure bien entendu que le présent traité ne pourra pas avoir pour effet de soustraire la Compagnie à l'exécution des règlements faits ou à faire par M. le Maire dans la limite de ses attributions et dans l'intérêt de la sûreté et de la commodité de la circulation.

ART. 18.

Les présents accords ne seront définitifs qu'après avoir été soumis à l'agrément du Conseil municipal et à l'approbation de M. le Préfet.

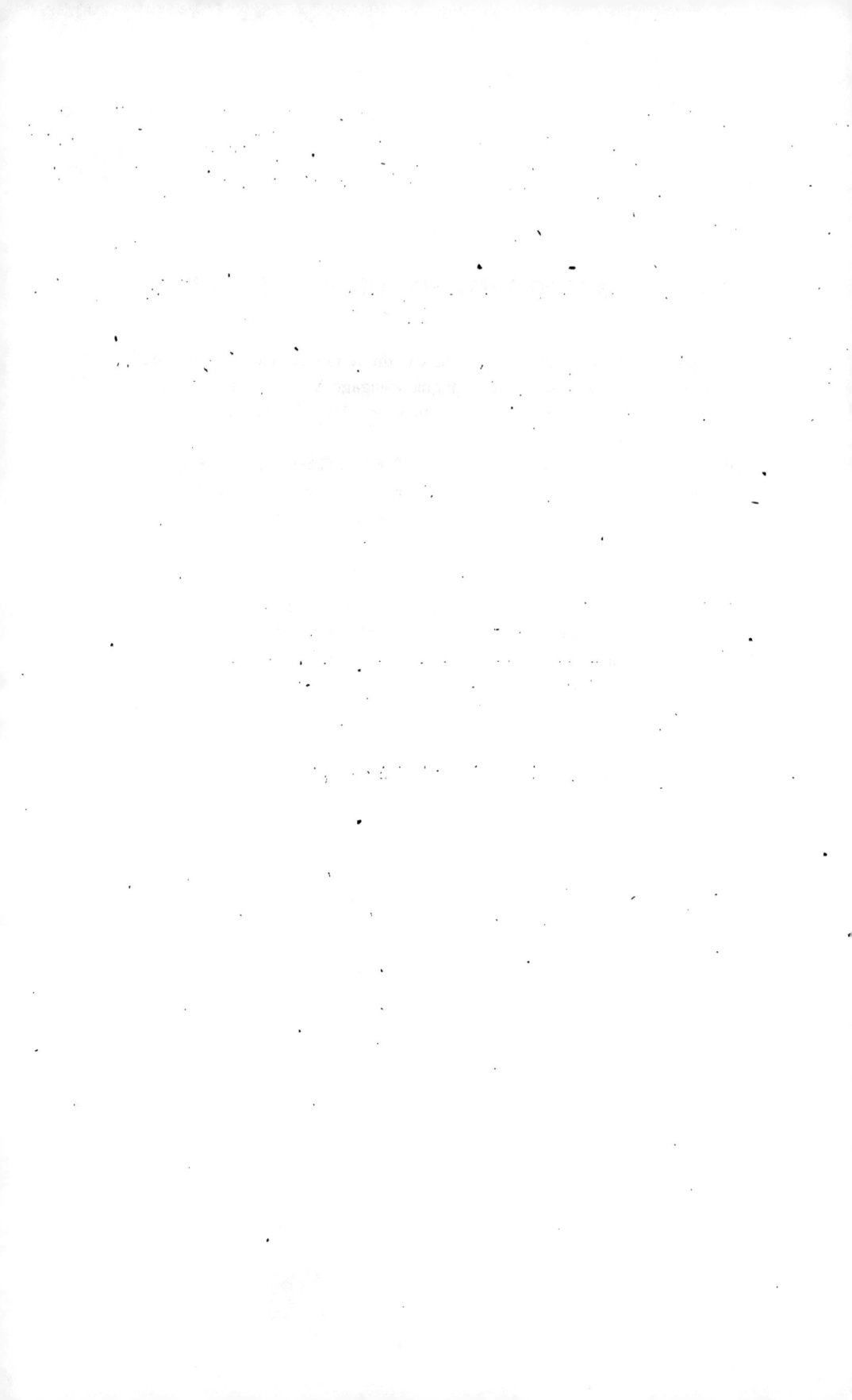

II

NOTES EXPLICATIVES

SUR LE PROJET DE TRANSACTION.

NOTES EXPLICATIVES.

Les modifications que la Compagnie propose d'apporter au traité actuel sont les suivantes :

ARTICLE PREMIER.

1° Prolongation de la concession pendant dix années. La Compagnie espère que la circulation s'accroîtra, et qu'elle pourra par là recouvrer pendant ces dix années une partie des recettes dont elle a été frustrée par les concurrences.

2° Suppression de la clause qui réserve à la ville la faculté d'accorder à d'autres le droit d'établir des chemins américains.

Les différentes expériences qui ont été faites de ce système de traction lui ont été jusqu'ici complétement défavorables. Loin de présenter les avantages que l'on en attendait, l'exploitation du chemin américain établi sur le parcours si exceptionnellement fréquenté de Paris à Saint-Cloud, n'a donné que des pertes aux diverses entreprises qui s'y sont succédé, et l'encastrement des rails sur la voie publique apporte à la circulation des voitures ordinaires et du roulage une gêne et des entraves qui font à Paris l'objet des réclamations incessantes du public. A Lyon, où l'établissement des voies ferrées faisait le principal objet de la concession faite à la Compagnie lyonnaise, l'autorité a dû y renoncer devant les tristes résultats de l'expérience faite à Paris, et, bien que tout le matériel, rails, voitures, etc., eût déjà été acquis par la Compagnie qui l'a encore dans ses magasins, l'essai n'a pas même reçu un commencement d'exécution. Il est permis de penser que l'épreuve de ce système ne serait pas plus heureuse à Marseille que les tentatives du même genre qui ont été faites ailleurs. Si tel n'était pas cependant l'avis de l'autorité municipale, et si elle tenait à appliquer ce système à Marseille, l'article 12 du traité dont la Compagnie ne demande pas la modification lui permet

5

de le faire le jour où elle le voudra. Cet article permet en effet à l'autorité d'exiger de la Compagnie des omnibus l'établissement de voies ferrées ; et s'il est vrai que l'adoption de ce système tienne les promesses jusqu'ici mensongères de ses prôneurs, elle peut faire jouir à la fois et le public et la caisse municipale des avantages qu'il produirait, en forçant la Compagnie à abaisser ses tarifs et à augmenter la redevance qu'elle paye à la ville.

On ne s'expliquerait pas qu'armée d'un pareil droit, l'autorité municipale voulût, en accordant une semblable concession à d'autres qu'à la Compagnie lyonnaise, créer une concurrence qui, pour n'avoir pas de chances sérieuses de succès, n'en occasionnerait pas moins des pertes considérables à cette Compagnie que la ville a intérêt à voir prospérer. On le comprendrait d'autant moins qu'après avoir, contrairement à ses engagements, toléré pendant si longtemps l'existence de concurrences illégales, il y aurait peu d'équité de la part de la ville à venir aujourd'hui en autoriser une nouvelle, créée cette fois avec son propre concours et sous le patronage direct de son autorité.

Alors même qu'il ne s'agirait pas aujourd'hui d'une transaction sur le litige existant entre la ville et la Compagnie, la suppression demandée de cette clause du traité ne semblerait pas devoir soulever de difficultés, alors surtout (qu'il soit permis de le répéter) que la ville a le pouvoir, si elle tient à essayer des voies ferrées, d'en imposer l'établissement à la Compagnie, et d'abaisser les tarifs, si l'essai réussit.

3° Suppression de l'exception formulée en ce qui concernait le service des paquebots de la Compagnie des Messageries impériales et le service de la Joliette.

Ceci n'est qu'une question de forme, et a pour but de mettre la rédaction en rapport avec l'état actuel des choses.

A l'époque où a été fait le traité de 1854, M. le préfet des Bouches-du-Rhône avait établi ces deux services, concédés pour trois années à la Compagnie des Messageries impériales et rétrocédés par celle-ci à MM. Crémieu père et fils pour le même temps. A l'expiration de ce délai, une décision du Préfet a fait cesser cette anomalie et fait rentrer la concession de ces deux services dans la concession faite par la ville aux entrepreneurs du service général des omnibus. La reproduction de la clause dont il s'agit n'aurait donc plus de sens dans un nouveau traité rédigé postérieurement aux faits qui viennent d'être rappelés.

Art. 2.

4° Énumération plus complète des lignes que la Compagnie a l'obligation de desservir.

5° Suppression de toute la partie relative aux obligations depuis longtemps accomplies que la Compagnie avait acceptées vis-à-vis des anciens entrepreneurs.

Art. 3.

Sans changement.

Art. 4.

6° Modification dans le mode de paiement de la subvention.

La Compagnie demande à ne pas payer pendant cinq années la subvention de 33,000 francs qu'elle a jusqu'ici régulièrement acquittée, malgré l'existence des concurrences. Elle voit dans cet allègement momentané de ses charges un moyen de recouvrer une partie du préjudice qui lui a été fait. Cette clause paraît devoir être d'autant plus facilement acceptée par la ville qu'en réalité la Compagnie ne demande à rien diminuer de la totalité de ce qu'elle doit payer ; car elle propose de reporter la somme dont il lui serait fait remise pendant cinq ans sur les dix années de prolongation qu'elle sollicite.

Art. 5.

7° Remplacement des dispositions des articles 5 et 18 de l'ancien traité par une rédaction nouvelle de l'article 5.

Cette rédaction nouvelle a pour but de définir d'une façon plus nette le droit de l'autorité municipale de développer les services, droit que la ville a autant d'intérêt que la Compagnie à ne pas laisser formulé comme il l'est actuellement.

Il est de toute évidence que le droit d'imposer des services nouveaux ne peut être exercé vis-à-vis de la Compagnie qu'autant qu'il ne la constituerait pas en perte, sans quoi le traité serait léonin et entaché de nullité absolue.

La Compagnie demande qu'il soit expliqué que la mise en circulation de nouvelles voitures ne puisse être exigée que lorsque les voitures déjà mises en roulement auront produit pendant une année une recette moyenne de 55 francs, représentative des frais occasionnés par chacune d'elles (1).

Cette clause semble devoir être d'autant plus facilement acceptée par l'autorité qu'en même temps qu'elle donne à la Compagnie une garantie dont l'équité est incontestable, elle met l'autorité municipale à l'abri contre les réclamations dont elle est trop souvent assaillie pour des intérêts purement privés.

Art. 6.

Sans autre changement que la substitution comme modèle de voitures des voitures actuelles aux voitures anciennement employées par MM. Crémieu père et fils, avant toutes les améliorations apportées au matériel par la Compagnie lyonnaise.

Art. 7.

8° Détermination des services où la Compagnie lyonnaise sera tenue d'employer des conducteurs indépendamment des cochers.

Aucune clause du traité actuel n'impose à la Compagnie l'obligation d'em-

---

(1) Chaque voiture emploie quotidiennement quatre attelages, dont trois travaillent et le quatrième se repose, et occasionne les frais fixes suivants :

Nourriture et ferrure de 8 chevaux, à raison de 3 fr. par cheval et par jour....	24 »
Dépréciation et usure de 8 chevaux, à raison de 0,50 c. par cheval et par jour..	4 »
Solde d'un cocher, d'un conducteur et d'un palefrenier, à raison de 3 fr. chacun.	9 »
Entretien de la voiture à raison de 0,05 c. par kilomètre, pour un travail moyen de 80 kilomètres..	4 »
Loyer d'écurie et remise pour un omnibus et 8 chevaux, environ..............	2 »
Droits de régie, à raison de 300 fr. par an environ........................	1 »
Assurance contre les accidents de route, à raison de 0,25 par cheval et par jour.	2 »
Intérêt à 5 0/0 l'an du capital suivant { 1 omnibus........ 3,000 } 8 chevaux. .... 8,000 } 12,000, environ 4 paires de harnais; 1,000 }	2 »
Total........	48 »

La recette de 55 fr. laisse donc une marge de 7 fr. par voiture et par jour pour couvrir les frais de direction, de surveillance des écuries, de contrôle des recettes, de droits de patente et d'imposition de toute nature et la redevance de 33,000 fr. à la ville. Elle représente donc à peine le remboursement des frais.

La Compagnie des omnibus de Paris ne prospère que grâce à des recettes qui se sont élevées en 1859 à 84,28 par voiture et par jour.

ployer à la fois un cocher et un conducteur sur chaque voiture, et rien par conséquent dans les engagements pris par les entrepreneurs ne les prive du droit d'employer, là où ils le jugent utile à leurs intérêts, des voitures dites à postillons-conducteurs, comme il s'en est employé de tout temps à Marseille sur plusieurs lignes, et comme il s'en emploie à Paris et à Lyon sur toutes les lignes de la banlieue sans exception.

En demandant aujourd'hui la détermination précise des voitures (celles affectées aux services de ville) pour lesquelles l'emploi d'un conducteur sera obligatoire, la Compagnie réclame une garantie contre les renouvellements possibles des mesures de police prises par le prédécesseur de M. le Maire actuel de Marseille.

La Cour de cassation a consacré par un arrêt récent le droit que la Compagnie contestait à l'autorité municipale d'ordonner par mesure de police l'emploi des conducteurs. Ce droit étant dès lors reconnu, la Compagnie serait tenue de s'y soumettre et de supporter ainsi une charge considérable que le traité ne lui a pas imposée. M. le Maire actuel de Marseille, auquel la Compagnie a adressé le 18 janvier 1860 la réclamation qui est reproduite ci-après (*), a bien voulu reconnaître qu'il serait contraire à l'équité d'user de ce droit, et a prescrit de cesser les mesures de police prises par son prédécesseur. La décision de la Cour de cassation met la Compagnie dans l'obligation de demander une clause nouvelle qui la garantisse d'une manière formelle contre le renouvellement possible de ces mesures, et ne la laisse pas exposée à la menace constante de se voir imposer une charge nouvelle et considérable à laquelle elle ne s'est jamais engagée.

ARTICLES 8, 9, 10, 11, 12, 13, 14, 15, 16 et 17.

Sans changement.

ART. 18.

La nouvelle rédaction proposée pour l'art. 5 rend sans objet l'art. 18 du traité de 1854, et l'art. 19 de ce traité prend sa place dans le nouveau.

(*) Voir la lettre à la page suivante.

COPIE DE LA LETTRE ADRESSÉE, LE 18 JANVIER 1860, PAR M. DELAHANTE A M. LE MAIRE DE MARSEILLE.

Marseille, le 18 janvier 1860.

Monsieur le Maire,

J'aurais désiré éviter, au moment où la prise de possession de la mairie de Marseille doit vous surcharger d'occupations, de venir dès à présent vous entretenir des affaires de la Compagnie des omnibus ; mais la décision que vous avez à prendre sur un point que nous avons à vous soumettre est tellement urgente, que vous voudrez bien, je l'espère, me pardonner de vous en entretenir dès aujourd'hui.

Dans le courant de l'année dernière, M. Honnorat, votre prédécesseur, nous invita à employer sur tous nos omnibus indistinctement, des conducteurs indépendamment des cochers, et à renoncer pour nos services de banlieue à l'emploi des postillons-conducteurs, emploi dont il est fait usage dans toutes les villes dont la banlieue est desservie par des omnibus, et notamment à Paris, à Lyon et à Marseille même, où, bien que moins généralement répandu, cet usage s'est de tout temps et sans interruption maintenu sur certaines lignes.

Si vous voulez bien, monsieur le Maire, vous faire représenter le texte du traité par lequel la ville de Marseille nous a fait la concession du service des omnibus, vous reconnaîtrez promptement qu'aucune des dispositions de ce traité ne nous impose l'obligation dont il s'agit, et qui aurait pour effet d'accroître, par un supplément considérable de charges, les pertes qui notre entreprise n'a cessé de supporter depuis le commencement de son existence.

Je ne pus me dispenser de rappeler ce texte à M. le Maire, en lui demandant de renoncer à une mesure qui, en grevant notre Compagnie de charges nouvelles et inattendues, ne pouvait qu'aller contre les intérêts bien entendus de la ville, qui ne sont assurément pas de ruiner une entreprise créée par elle-même.

Je ne fus pas assez heureux pour convaincre monsieur votre prédécesseur, qui m'écrivit que l'obligation contre laquelle je réclamais résultait de l'article de notre traité qui stipule que nos employés et conducteurs seront revêtus d'une costume uniforme.

Cette interprétation me parut si contraire à l'esprit et à la lettre de notre traité, que je dus faire connaître à M. le Maire que je ne pouvais, sans abandonner les intérêts de nos actionnaires, l'accepter que si elle était sanctionnée par les tribunaux.

Soit qu'il comprît que cette interprétation ne pouvait pas être soutenue avec succès, soit par tout autre motif, M. le Maire crut devoir renoncer à en demander la sanction aux tribunaux, et, changeant de terrain, il nous fit connaître qu'il allait nous appliquer un ancien arrêté municipal qui n'avait, il est vrai, jamais été appliqué à notre industrie, mais qu'il allait remettre en vigueur.

Cette nouvelle attitude soulevait deux questions bien distinctes :

1° L'arrêté dont il s'agissait était-il légal, et les attributions de police des maires pouvaient-elles aller jusqu'à contraindre d'une manière générale les entrepreneurs d'omnibus à employer des conducteurs indépendamment des cochers ?

Le tribunal de simple police de Marseille a tranché cette question en faveur de l'autorité municipale, et un récent arrêt de la Cour de cassation a confirmé cette décision.

2° Ce droit étant dès lors établi, l'autorité municipale de la ville de Marseille peut-elle en faire usage en présence du traité qui la lie, lorsqu'il a pour objet d'ajouter à ce traité des charges nouvelles et que les concessionnaires n'ont de bonne foi jamais pu prévoir?

Cette seconde question reste entière, et c'est devant une autre juridiction qu'elle devrait être portée ; mais c'est à votre sagesse que nous venons la soumettre.

Bien que beaucoup moins nombreuses qu'on l'a voulu dire, quelques réclamations se sont élevées dans le public contre la suppression des conducteurs, et ont cherché, en s'étayant de la publicité des journaux, à peser sur la décision que l'autorité municipale avait à prendre.

Ce qu'il peut y avoir de fondé dans ces réclamations, c'est ce qu'elles n'ont pas la franchise d'exprimer, à savoir : la gêne qui résulte pour les habitants de la banlieue de ce qu'ils ne peuvent plus charger les conducteurs de leurs commissions, ce qui n'avait lieu, en dépit de notre surveillance, qu'au détriment de la régularité du service. Ce grief, je le reconnais fondé; mais peut-il, en bonne justice, nous être opposé, et sommes-nous institués pour faire les commissions des habitants de la banlieue?

Quant à la sécurité publique, qu'on a dit compromise par ce mode d'exploitation, elle ne saurait être plus compromise à Marseille que dans toutes les autres villes et surtout à Paris, où la circulation est si immense, et où jamais personne n'a songé à réclamer une semblable mesure, et j'ai l'espoir que vous voudrez bien reconnaître l'inanité de cet argument.

J'ai eu l'honneur, monsieur le Maire, en commençant cette lettre, de vous dire que la décision que vous aviez à prendre était urgente.

Nous sommes en effet sous le coup de nouvelles poursuites de la part de la police, avec laquelle nous n'entendons nullement soutenir une lutte qui ne serait ni dans nos intentions ni dans notre caractère. Nous voulons au contraire nous mettre entièrement à votre discrétion.

Si la décision que votre sagesse vous dictera nous est contraire, nous nous y soumettrons sans récriminations et dans les vingt-quatre heures, certains que nous sommes de l'énergie avec laquelle, si elle nous est favorable, vous repousserez des réclamations que vous n'aurez pas jugées fondées.

Veuillez agréer, monsieur le Maire, l'assurance de mon respectueux et entier dévouement.

Le délégué du gérant de la Compagnie lyonnaise,

P. DELAHANTE.

III

MÉMOIRE

ADRESSÉ LE 12 DÉCEMBRE 1859

A SON EXCELLENCE M. LE MINISTRE DE L'INTÉRIEUR

POUR INTRODUIRE L'INSTANCE.

Paris, le 12 décembre 1859.

Monsieur le Ministre,

Jusqu'en 1855, l'industrie des omnibus était livrée à Marseille à la libre concurrence des entrepreneurs et n'était soumise qu'à de simples autorisations, comme cela se fait encore pour l'industrie des voitures de place.

A tort ou à raison, l'autorité municipale de Marseille voulut faire cesser cet état de choses et y substituer le système adopté à Paris, en concentrant tout le service entre les mains d'un seul entrepreneur, et en imposant à cet entrepreneur les conditions propres à en faire un service public.

M. le Maire de Marseille passa à cet effet, à la date du 23 novembre 1854, avec MM. Crémieu père et fils, aux droits desquels est aujourd'hui substituée la Compagnie lyonnaise des omnibus, voitures et voies ferrées, dont je suis gérant, un traité dont j'adresse ci-joint une copie à Votre Excellence. Il lui suffira de jeter les yeux sur ce traité pour reconnaître que les clauses en sont très-onéreuses, et que, si les entrepreneurs se sont décidés à les accepter, ce n'est que parce qu'ils se croyaient en droit de compter sur le scrupuleux accomplissement des engagements contractés par la ville, et sur l'appui le plus énergique de l'autorité municipale contre les oppositions que ne pouvait manquer de soulever un changement de système qui était son œuvre.

Il fut bien loin d'en être ainsi, et la Compagnie se trouva dès le début aux prises avec les difficultés qu'elle devait le moins redouter de rencontrer.

L'article 2 du traité stipulait le rachat à dire d'experts de tout le matériel, *utilisable ou non,* des anciens entrepreneurs. L'expertise fut faite dans l'esprit le plus favorable à leurs intérêts, et le prix que la Compagnie dut leur payer fut excessif. Elle n'avait pas à réclamer, et dut s'exécuter ; mais à peine eut-elle payé, qu'elle vit les entrepreneurs, si chèrement indemnisés, se servir de son argent pour acheter de nouveaux matériels, et monter sur toutes les lignes dont l'exploitation était fructueuse des services de concurrence.

Forte du privilége dont la ville s'était engagée à la faire jouir, la Compagnie signala ces concurrences à l'autorité municipale et réclama d'elle les mesures propres à les faire cesser ; mais, avec quelque persistance qu'aient été renouvelées ses réclamations, elles sont aujourd'hui encore demeurées sans résultat, et, après quatre ans et demi d'existence, la Compagnie n'est pas encore mise en possession du privilége, en retour et en compensation duquel elle a accepté et rempli les charges qui lui étaient imposées.

Ces services de concurrence s'exercent d'une manière d'autant plus désastreuse pour les intérêts de la Compagnie, que leurs propriétaires, n'étant abstreints à aucune condition de tarif ni de régularité de service, ont soin de faire partir leurs voitures devant les nôtres, de manière à prendre en route tous les voyageurs qui attendent l'omnibus, les arrêtent aux heures de la journée où la circulation est peu active, transportent le public à prix réduits, quand il y a peu de monde, sauf à le rançonner quand il y a foule, et ruinent nos services par des moyens que nos engagements ne nous permettent pas d'employer.

Ne doutant pas que l'autorité ferait respecter ses droits, la Compagnie a, dans le principe, supporté les pertes avec une certaine patience ; mais elles ont bientôt pris des proportions telles que, en l'absence de la répression vainement réclamée, la Compagnie s'est vue, sur plusieurs points, forcée de renoncer à une lutte qu'elle ne pouvait plus soutenir, et d'abandonner la place aux concurrents, en leur cédant à vil prix l'exploitation de plusieurs de ses lignes les plus productives ; sur celles où le chiffre moins élevé des pertes lui a permis de continuer la lutte, elle est restée en butte aux mêmes concurrences.

Votre Excellence verra, par une lettre en date du 14 juillet 1858, dont la copie est jointe au dossier, que M. le Maire explique la continuation des concurrences par l'insuffisance des moyens de police dont il dispose.

C'est là un point qu'il ne saurait nous appartenir de discuter, et nous n'avons pas à indiquer à la ville les moyens qu'elle doit employer pour tenir ses engagements ; mais, à défaut des droits que la situation qui nous est faite semble nous y donner, cette insuffisance de la police paraissait devoir nous assurer à nous-mêmes quelque indulgence. Il n'est cependant sortes de sévérités qui n'aient été exercées contre nous, et, pendant que nous réclamions en vain la répression des concurrences, nous n'avons cessé d'être poursuivis sans relâche pour les moindres infractions, et souvent pour les causes les moins répréhensibles.

C'est ainsi que nous nous sommes vu dresser des procès-verbaux pour avoir fait laver les naseaux de nos chevaux aux lieux de stationnement, pendant les chaleurs de l'été, pour n'avoir pas muni d'appareils d'enrayage celles de nos voitures qui desservent la promenade du Prado, l'une des routes les plus dépourvues de pentes qu'il soit possible de voir, et pour mille autres causes semblables.

Depuis quelques mois, la police a ordre de nous faire des procès-verbaux pour ne pas employer des conducteurs, indépendamment des cochers, sur les voitures de banlieue, comme cela se pratique partout où il se fait des services semblables, notamment à Paris et à Lyon, et comme cela s'est, antérieurement à nous, pratiqué de tout temps, à Marseille même, sur plusieurs lignes. Aucune clause de notre traité ne nous astreignant à cette obligation, la police a reçu l'ordre d'invoquer contre nous les dispositions d'un ancien arrêté municipal qui n'avait jamais reçu d'exécution. Les dispositions invoquées contre nous étant à mes yeux complétement en dehors des attributions des maires, je me serais adressé à M. le Préfet pour obtenir l'annulation de cet arrêté ; mais j'ai reconnu depuis qu'il n'avait aucune existence, légale pour n'avoir jamais été soumis à l'approbation préfectorale, et que je ne pouvais dès lors réclamer l'annulation d'un acte qui n'existait pas.

L'autorité municipale ayant obtenu du tribunal de simple police que cet arrêté nous fût appliqué, je me suis pourvu en cassation, sauf à réclamer ensuite de l'autorité administrative l'annulation de l'arrêté, si, par impossible, la Cour de cassation admettait son existence. Malgré ce pourvoi et contrairement à tous les usages, la police a reçu ordre de continuer à verbaliser, et ce, quotidiennement. Inexécution de ses engagements, et sinon excès de pouvoir, du moins extrême sévérité en ce qui concerne notre exploitation, telle est, monsieur le Ministre, l'attitude prise vis-à-vis de nous par la ville de Marseille.

Votre Excellence comprendra qu'il n'était pas possible au gérant d'une Société en commandite par actions, sous peine d'assumer la responsabilité la plus grave vis-à-vis de ses actionnaires, de ne pas recourir à tous les moyens de droit pour faire cesser une situation aussi désastreuse.

Je ne puis me dispenser, pour mettre ma responsabilité à couvert, de réclamer la justice qui est due aux intérêts qui me sont confiés et la réparation du tort qui leur a été fait. Je le puis d'autant moins, que mes appréciations personnelles élèvent à un chiffre très-considérable l'importance de ce tort, dont je me borne d'ailleurs à demander l'évaluation par des experts.

M. Mathieu Bodet, avocat au conseil d'État et à la Cour de cassation, que j'ai prié d'étudier avec soin cette affaire, a rédigé une consultation dont j'ai l'honneur d'adresser une copie à Votre Excellence. Cette consultation établit

d'une manière qui paraît incontestable le droit et le devoir que j'ai de réclamer dans l'intérêt de la Compagnie que je représente :

1° Que l'autorité municipale soit obligée à mettre la Compagnie en possession du privilége qui lui a été concédé ;

2° Que la ville soit obligée à restituer à la Compagnie toutes les sommes
versées à la caisse municipale, depuis la signature du traité jusqu'à ce jour,
en exécution de l'article 4, et qu'elle ne devait qu'en retour et en compensation du privilége en jouissance duquel elle n'a pas encore été mise ;

3° Que des experts soient désignés pour constater le tort qui a été fait à
la Compagnie par les concurrences que la ville a laissé subsister, et que la
ville soit obligée à indemniser la Compagnie du montant de ces constatations.

La consultation de M. Mathieu Bodet m'indique l'autorité administrative
comme étant la juridiction compétente pour prononcer sur la réclamation de
la Compagnie.

C'est d'après cette indication, monsieur le Ministre, que j'ai pris la liberté
d'adresser à Votre Excellence le présent mémoire, sur les conclusions duquel
j'ose appeler toute sa bienveillante attention.

Veuillez agréer, monsieur le Ministre, l'assurance du profond respect
avec lequel j'ai l'honneur d'être,

de Votre Excellence,

le très-humble et très-obéissant serviteur.

Signé : G. DELAHANTE.

IV

CONSULTATION

Pour M. G. DELAHANTE

Gérant de la Compagnie lyonnaise des Omnibus, Voitures et Voies ferrées

CONTRE LA VILLE DE MARSEILLE.

CONSULTATION

Pour M. G. DELAHANTE

Gérant de la Compagnie lyonnaise des Omnibus, Voitures et Voies ferrées,

CONTRE LA VILLE DE MARSEILLE

L'avocat à la Cour de cassation et au conseil d'Etat soussigné :

Vu le cahier des charges en date du 23 novembre 1854, relatif à l'entreprise des transports en commun dans la ville et le territoire de Marseille ;

Vu le mémoire à consulter proposant les questions suivantes :

1° L'autorité municipale doit-elle être condamnée à mettre la Compagnie en possession du privilége qui lui a été concédé ?

2° La ville doit-elle être obligée à restituer à la Compagnie les sommes que celle-ci a versées à la caisse municipale depuis la signature du traité ?

3° Des experts doivent-ils être nommés pour constater le tort fait à la Compagnie par les concurrences que la ville a laissé subsister, et celle-ci doit-elle être condamnée à indemniser la Compagnie du montant de ces constatations ?

4° Devant quelle juridiction doit être porté le litige ? Est-il du ressort du Conseil de préfecture, du tribunal civil ou du tribunal de commerce ?

Est d'avis que les trois premières questions doivent être résolues affirmativement, et que la connaissance du litige appartient au Préfet.

DISCUSSION.

I. L'autorité municipale de Marseille s'est préoccupée en 1854 de la nécessité d'améliorer le service du transport en commun dans la ville et la banlieue, jusque-là abandonné à la libre exploitation de l'industrie privée.

Elle a, dans ce but, concentré le service entre les mains d'un seul entrepreneur, MM. Crémieu père et fils : c'était son droit.

Il est, en effet, de jurisprudence que le Maire peut, en vertu des pouvoirs de police qui lui sont attribués par la loi des 16-24 août 1790, interdire la circulation sur la voie publique de toutes voitures de transport en commun, autres que celles qu'il a autorisées.

L'arrêt de la Cour de cassation du 24 février 1858, rendu en chambres réunies dans l'affaire même dont il s'agit, ne permet aucun doute sur ce point.

Mais le Maire de Marseille ne s'est pas borné à n'autoriser qu'une seule entreprise. Une simple autorisation, même exclusive, de faire circuler des voitures omnibus sur la voie publique, n'aurait pas assuré la réalisation des améliorations qu'on s'était proposé d'introduire dans ce service important. Il fallait, de plus, que les améliorations fussent stipulées et garanties par des accords particuliers.

De là, le traité du 23 novembre 1854, intervenu entre M. le Maire et MM. Crémieu père et fils (auxquels la Compagnie Gustave Delahante est substituée).

Par ce traité, distinct des mesures de police qui devaient concourir à son exécution, M. le Maire a concédé à MM. Crémieu père et fils, pour vingt années, devant commencer le 1er juin 1855, *le droit exclusif* de faire circuler les voitures employées au transport en commun sur la voie publique.

De leur côté, MM. Crémieu père et fils se sont engagés à acquérir tout le matériel des entreprises de voitures existantes, *utilisable ou non*, à desservir les lignes établies et celles qui pourraient l'être à l'avenir ; à employer un nombre déterminé de voitures, à maintenir les tarifs actuels, à se soumettre à toutes les améliorations qui seraient prescrites, etc., etc., et notamment à payer à la ville, par douzième et d'avance, pendant toute la durée du marché, une redevance annuelle de 33,000 fr.

Ces conventions réunissent, en la forme et au fond, tous les caractères d'un contrat synallagmatique.

En la forme, elles ont été rédigées en double, conformément à l'art. 1325 du Code Napoléon.

Au fond, MM. Crémieu père et fils ne se sont soumis à toutes les conditions stipulées dans le traité qu'en vue de l'exploitation exclusive que la ville a déclaré leur concéder.

Par la nature même de son engagement, la ville était tenue :

1° De révoquer les autorisations accordées aux entrepreneurs qui desservaient, au moment du contrat, les lignes concédées ;

2° De ne plus en accorder sur ces lignes ;

3° De faire cesser toute concurrence.

La première de ces obligations ne saurait être déniée ; elle est écrite dans une des clauses du traité, ainsi conçue :

« MM. Crémieu père et fils seront, à cet effet, substitués, à partir du
» 1er juin 1855, aux entrepreneurs qui desservent ces lignes, *et dont les*
» *autorisations seront et demeureront révoquées à partir de ladite époque.* »

La seconde ne saurait non plus être méconnue ; car à quoi aurait servi la révocation des autorisations existantes, s'il avait été permis au Maire d'en délivrer de nouvelles ? Et comment le droit concédé serait-il *exclusif*, s'il pouvait être communiqué à des entreprises rivales ?

Enfin, la troisième obligation n'est qu'une conséquence des deux autres.

On ne saurait, au regard de la Compagnie, établir de différence entre la concession d'autorisations et la tolérance de voitures non autorisées. Que lui importerait que des arrêtés de police eussent interdit au public le transport en commun, si ces arrêtés n'étaient pas exécutés ? Ce qu'elle a voulu et ce qui lui a été promis, c'est la possession effective de tous les transports.

On dira peut-être que la ville ne s'est engagée à autre chose qu'à lui conférer le droit exclusif de circuler, qu'elle a exécuté son obligation par le retrait des anciennes autorisations et le refus d'en concéder de nouvelles, et que si, dans ces circonstances, la Compagnie est en butte à des concurrences illégales, c'est à elle à en poursuivre la répression.

Un tel système est évidemment inadmissible.

Non-seulement MM. Crémieu père et fils ont entendu, en retour des nombreux sacrifices auxquels ils se sont soumis, acquérir un droit incontesté ou que la ville qui le concédait se chargerait elle-même de faire respecter, mais il suffit que celle-ci ait à sa disposition des moyens préventifs d'en assurer la jouissance pour que la bonne foi qui doit régner dans l'exécution des contrats lui impose le devoir rigoureux de prendre le fait et cause de son concessionnaire, à qui des moyens purement administratifs n'ont pu être délégués.

Il devrait à plus forte raison en être ainsi, au cas où la Compagnie n'aurait aucun moyen de se protéger elle-même. Il est clair que si elle n'avait pas été investie à la fois du droit et des actions propres à le maintenir contre les tiers, ce serait à l'administration municipale à qui appartiendraient ces actions à faire valoir le droit. Or c'est précisément ce qui existe. En effet, le traité ne se soutient que par les arrêtés de police qui subordonnent à une autorisation préalable l'établissement des voitures omnibus ; si bien que, s'il plaisait au Maire d'autoriser les concurrents, le traité, qui est d'ailleurs pour eux *res inter alios acta*, ne pourrait pas leur être imposé. La Compagnie ne saurait donc y puiser aucune action contre les tiers, dont la liberté ne se trouve restreinte que par les arrêtés de police. Il est vrai que ces arrêtés sont obligatoires pour tout le monde ; mais comme ils n'ont pour objet que la sûreté et la commodité de la circulation sur la voie publique, il n'appartient pas à la Compagnie, qui n'a aucun droit privatif au maintien de cette sûreté et de cette commodité, d'en provoquer elle-même l'application. Il résulte nécessairement de cet état de choses que le soin de procurer l'exécution du traité incombe à l'autorité municipale, qui seule en a le pouvoir.

Les entrepreneurs ne se présentent pas d'ailleurs comme exerçant des actes illégaux ; ils prétendent user d'un droit personnel que l'autorité municipale a pu, disent-ils, réglementer, mais non supprimer. La Cour de cassation a condamné ce système, mais ils ne persistent pas moins à le soutenir, et on le verra apparaître toutes les fois que des poursuites seront dirigées contre eux. La Compagnie n'est donc pas victime de simples voies de fait : c'est son droit lui-même qui est attaqué.

Il est en outre à remarquer que les concurrences ont toujours existé, que la ville n'a jamais pris de mesures efficaces pour les détruire, de sorte que la Compagnie n'a pas été mise en possession du droit exclusif d'exécuter les transports en commun. Or, puisque c'est ce droit qui a fait l'objet de la concession, la ville est tout au moins tenue de lui en opérer la délivrance.

Ainsi, à quelque point de vue qu'on se place, on arrive à cette conclusion que l'autorité municipale, disposant de pouvoirs exceptionnels, investie des actions, tenue à garantie, obligée à délivrer, doit être condamnée, en droit et en équité, à mettre et à maintenir le concessionnaire en possession de tous les effets du contrat.

II. Mais le droit de la Compagnie ne se borne pas à obtenir une condamnation pour l'avenir. La jouissance réclamée lui était due à compter du 1er juin 1855. Or, il est de règle, en matière de contrats synallagmatiques, que toutes les fois que l'une des parties ne remplit pas ses obligations, l'autre partie n'est pas tenue de remplir les siennes. Par conséquent, si celle-ci a exécuté, elle a le droit de répéter.

L'application de cette règle générale, en ce qui touche la redevance annuelle de 33,000 fr., ne saurait être l'objet d'aucune controverse.

L'article 4 du traité porte : « *En retour et en compensation du privilége qui leur est accordé*, MM. Crémieu père et fils paieront à la ville une redevance de 33,000 fr. par an, pendant toute la durée du marché. » Ainsi, le service de la redevance est corrélatif de l'exercice du privilége ; les deux obligations sont causes l'une de l'autre ; ce n'est qu'en retour et en compensation du droit concédé que les 33,000 fr. par an ont été promis. Donc, si la jouissance du privilége n'a pas été procurée, les 33,000 fr. ont été payés indûment.

Par le fait, la Compagnie n'a jamais joui d'autre avantage que d'être autorisée. Mais ce n'est point comme prix de l'autorisation que les annuités ont été stipulées ; c'est comme récompense du privilége. Elles ont été exigées et consenties en vue des bénéfices qu'une exploitation exclusive devait produire. Ces bénéfices ayant manqué par des circonstances imputables à l'autorité municipale, il n'est pas admissible que la Compagnie soit demeurée assujettie à des déboursés qui n'en devaient être qu'une charge.

Il n'y a pas même à examiner si c'est par la faute ou sans la faute de l'administration que les concurrences se sont maintenues. Le cas de force majeure aurait lui-même pour effet d'exonérer la Compagnie ; car, ne s'étant obligée à servir la redevance qu'à raison de l'exploitation exclusive qui lui était concédée, l'impossibilité d'exécuter cette dernière obligation aurait entraîné l'extinction de l'autre. C'est ainsi que, dans le contrat de bail, le preneur cesse d'être tenu du prix, dès qu'il est empêché de jouir par un fait qui n'est pas le sien.

Mais ce n'est là qu'une hypothèse.

Il a toujours été au pouvoir de l'autorité municipale d'arrêter les entreprises rivales ; si elle a omis jusqu'ici de le faire, ce n'est point par impuissance, mais par une incurie inexplicable.

Les avertissements ne lui ont point manqué : la Compagnie n'a jamais cessé de réclamer et de protester.

Elle ne s'est pas bornée à des plaintes, elle a, de plus, indiqué les mesures à employer, telles que les poursuites simultanées et la mise en fourrière de toutes les voitures prises en flagrant délit de circulation.

La ville ne peut donc échapper à la juste répétition des 33,000 fr. annuellement versés dans sa caisse.

III. Elle doit en outre être condamnée à des dommages-intérêts proportionnés à la perte que MM. Delahante ont essuyée et au gain qu'ils ont manqué de faire.

Cette seconde conséquence de l'inexécution de ses engagements résulte d'un principe de droit également incontestable.

La controverse ne peut porter que sur le montant de l'indemnité. Le juge appréciera après expertise.

IV. Reste la question de compétence. D'abord, la juridiction consu'aire doit être écartée. L'acte n'étant commercial qu'à l'égard de l'un des contractants, l'autre partie ne peut être traduite malgré elle devant un tribunal exceptionnel qui n'est pas le sien.

Le débat se concentre donc entre la compétence de l'autorité judiciaire et celle de la juridiction administrative.

En faveur de la compétence de l'autorité judiciaire, on peut dire que la ville de Marseille, en concédant à MM. Crémieu père et fils l'exploitation exclusive des transports omnibus moyennant une redevance annuelle, a simplement agi comme personne privée; que, considérée en elle-même, la concession a la plus grande analogie avec le bail, qui est un contrat du droit civil; que la redevance annuelle n'a pu être stipulée que comme prix du droit de stationner; que ces matières, de même que la mise à ferme des halles et marchés, rentrent dans les attributions des tribunaux ordinaires.

Ces raisons, quelque spécieuses qu'elles soient, ne nous paraissent pas valables.

Le Maire, en contractant, a non-seulement agi comme représentant de la commune, mais encore et surtout comme officier de police chargé de veiller à la sûreté et à la commodité de la circulation sur la voie publique. Le droit exclusif concédé à MM. Crémieu père et fils n'eût pas existé, si ce fonctionnaire n'avait pas d'abord consenti à restreindre en leur faveur le service des transports en commun. Le traité, dans son principe, se réfère donc à un intérêt public.

Il en est de même de son objet. Bien que plusieurs de ses dispositions semblent ne concerner que le transport, son but final est de protéger le passage dans les rues et les voies publiques. Le transport n'est lui-même réglementé que pour assurer cette protection. Ainsi les articles 6 et 12 s'occupent de la forme des voitures sous le double rapport de la sûreté de la circulation et de la commodité des voyageurs. L'article 10 règle dans le même intérêt l'établissement des locaux. L'article 11 prescrit la création d'un certain nombre d'agents assermentés qui doivent remplir à la fois les fonctions de contrôleurs du service et de surveillants de la voie publique. D'après l'article 18, le tracé des lignes, le nombre des voitures en activité, l'intervalle entre chaque départ, la durée du parcours, et la correspondance avec les autres lignes, relèvent de l'autorité municipale. Ces diverses dispositions n'ont qu'un même but, celui de prévenir les dangers et embarras propres aux voitures omnibus, tout en assurant des moyens de transport sur toute l'étendue du territoire de Marseille.

Enfin les arrêtés pris pour l'exécution du traité ayant été attaqués par les entreprises rivales, la Cour de cassation les a maintenus par la raison qu'ils se bornaient à réorganiser et à réglementer le service spécial des transports en commun, ce qui rentrait dans les attributions de police de l'autorité municipale.

Or si cela est vrai des arrêtés qui ne sont que la mise en œuvre du traité, cela doit l'être aussi du traité lui-même.

Il est vrai que d'autres dispositions, telles que les articles 1, 2, 3, 4 et 16, qui établissent une concession, stipulent l'achat du matériel des anciens entrepreneurs, ainsi qu'une redevance annuelle de 33,000 fr. au profit de la ville, et réservent des droits de préférence pour les concessionnaires, constituent des accords particuliers qui ne se réfèrent pas direc'ement à l'intérêt de la circulation. Mais ces dispositions accessoires ne changent pas le caractère général du traité, dont le but a été d'arriver par la concentration des transports en une seule main, à garantir la voie publique contre les accidents et les encombrements. Elles participent, au contraire, de sa nature, en ce qu'elles ont fourni les moyens d'organiser cette concentration.

On ne saurait donc méconnaître que le traité n'ait eu pour objet principal et dominant de rendre la circulation plus sûre et plus commode et d'y introduire toutes les améliorations dont elle paraîtrait susceptible. Il est même à remarquer qu'il n'a pas d'autre raison d'existence. Ce n'est pas une simple location du droit de stationner ou de tout autre droit appartenant privativement à la ville : c'est un marché en vertu duquel MM. Crémieu père et fils se sont engagés à desservir les lignes d'omnibus dans des conditions de police et de bon ordre qui confèrent à cette exploitation le caractère d'un service public.

Dans ces circonstances, la compétence des tribunaux ordinaires se trouve forcément exclue. Il ne peut, en effet, leur appartenir, soit d'apprécier ce qui convient ou ne convient pas à la sûreté ou à la commodité des voies publiques, soit de déterminer les conséquences des actes passés à cet égard avec l'administration. Si les tribunaux civils étaient compétents pour connaître d'un acte qui a pour objet l'organisation d'un service créé dans un intérêt public, l'administration, en ce qui touche cet acte, ne serait plus libre ni souveraine dans l'exercice de ses pouvoirs.

Nous disons donc que le traité intervenu entre la ville de Marseille et MM. Crémieu père et fils, ayant pour objet un service créé dans l'intérêt public de la sécurité de la voie publique, constitue, sous quelque rapport qu'on l'envisage, un acte d'administration essentiellement du ressort de la juridiction administrative.

Mais quelle est l'autorité administrative compétente ?

Ce ne saurait être le conseil de préfecture, par la raison que ce conseil ne peut connaître que des matières qui lui sont spécialement attribuées par la loi, et qu'aucun texte de loi ne contient attribution de juridiction en sa faveur sur des actes de la nature de celui dont il s'agit.

La loi n'ayant pas déterminé la compétence dans ce cas particulier, il faut en conclure que l'interprétation du traité appartient au tribunal de droit commun en matière de contentieux administratif municipal.

Mais quel est le tribunal de droit commun en cette matière ?

Sur ce point la doctrine et la jurisprudence sont d'accord pour décider que c'est le Préfet.

Voici comment s'exprime à cet égard un conseiller d'Etat éminent qui a fait de ces questions de compétence une étude spéciale et approfondie : « Jamais dans le conseil d'Etat, la loi du 28 pluviôse n'a été entendue en ce sens que les conseils de préfecture fussent constitués, d'une manière générale, juges du contentieux administratif en première instance, de telle sorte que s'il s'élève *un litige à l'occasion d'un acte de l'autorité municipale* ou du Préfet, la connaissance du litige leur appartienne, à moins qu'elle n'ait été spécialement attribuée à une autre autorité. Au contraire, dans la pratique, on a toujours tenu pour maxime certaine que les conseils de préfecture n'avaient que des attributions spéciales et déterminées, et *qu'en dehors des cas dont la connaissance leur était expressément réservée, il y avait lieu, dans le silence de la loi, et par application des principes généraux sur l'organisation administrative, de soumettre aux Préfets les litiges qui peuvent naître des réclamations contre des actes faits par les administrations municipales*, et aux Ministres (chacun selon ses attributions) les litiges qui résultaient des réclamations contre les actes des Préfets. »

Le conseil d'Etat, dans plusieurs décisions, a admis également que les contestations auxquelles pouvaient donner lieu les actes des administrations municipales étaient de la compétence des Préfets : ainsi dans une espèce où il s'agissait d'un bail à ferme des droits de pesage, mesurage et jaugeage, le fermier avait assigné le Maire devant les tribunaux pour voir prononcer la nullité du procès-verbal d'adjudication. Le conflit fut élevé et confirmé par ordonnance du 21 janvier 1847, par le motif que l'acte de bail constituait un acte administratif. Mais comme cette ordonnance s'était bornée à déclarer la compétence de l'autorité administrative, sans indiquer le juge administratif qui devait en connaître, le litige fut porté devant le Préfet qui statua. Le fermier attaqua l'arrêté du Préfet pour cause d'incompétence. Le conseil d'Etat rejeta le recours par les motifs suivants : « Considérant qu'aux
» termes de l'article 20 de la loi du 18 juillet 1837, il appartenait au Préfet
» d'approuver l'adjudication du bail à ferme des droits de pesage, mesurage
» et jaugeage publics dans la commune de Saumanes ; qu'aucune disposition
» légale n'attribuait au conseil de préfecture le droit de décider si le procès-
» verbal constatant ladite adjudication était revêtu des formes et remplissait
» les conditions prescrites pour sa régularité ; *que dès lors c'était au Préfet,*
» *sauf recours devant M. le Ministre de l'intérieur, qu'il y avait lieu de statuer*
» *sur la question de savoir si les irrégularités ci-dessus spécifiées étaient éta-*
» *blies ou étaient de nature à entraîner la nullité dudit procès-verbal ;* que le
» Préfet s'est borné à prononcer sur cette question, et qu'ainsi en déclarant
» par suite que l'acte dont il s'agit était exécutoire et devait recevoir son exé-
» cution dans les formes tracées par la loi, il n'a ni dépassé les limites de sa
» compétence, ni excédé ses pouvoirs. » (V. décret du 17 mai 1851, Doumas
C. la commune de Saumanes.)

L'année suivante, le conseil d'Etat fut appelé à déterminer le juge à qui il appartient d'interpréter le bail des droits de place dans les halles et marchés, lorsqu'il s'élève une contestation entre la commune et le fermier sur le sens de cet acte. Le commissaire du gouvernement conclut en ces termes : « Lorsqu'il
» n'y a pas dans la loi attribution spéciale de juridiction pour l'interprétation
» des baux administratifs, il faut faire une distinction : ou il s'agit de baux
» proprement dits, ou de baux ainsi qualifiés, mais qui ne sont que des conces-
» sions portant sur un service public. La jurisprudence s'est toujours attachée à
» la nature et à l'objet du contrat plutôt qu'à sa forme, pour reconnaître l'auto-
» rité qui pouvait en donner l'interprétation, et a décidé que c'était à l'auto-
» rité administrative qu'il appartenait d'interpréter les baux de la seconde

» catégorie. Toutefois, l'autorité administrative compétente ne serait pas, dans
» l'espèce, le conseil de préfecture, qui ne connaît que des matières qui lui sont
» spécialement attribuées par la loi ; ce serait le Préfet en conseil de préfecture,
» attendu que la contestation est relative à un acte de l'autorité municipale,
» qui, en premier ressort, *ne relève que de lui*. Telle est la solution qui résul-
» terait des principes et de la jurisprudence, si la législation était muette sur ce
» point ; mais elle a parlé, et l'article 136 du décret de 1809 confère expressé-
» ment au Préfet, en conseil de préfecture, le droit de statuer sur les contesta-
» tions qui pourraient s'élever entre les communes et les fermiers des octrois
» sur le sens des baux. On prétend, il est vrai, que les droits de place dans
» les halles et marchés ne peuvent être assimilés aux droits d'octroi ; mais il y
» a parfaite similitude. »

Le conseil d'État a décidé effectivement que le conseil de préfecture était
incompétent et que c'était au Préfet qu'il appartenait d'en connaître (décret
du 8 avril 1852, *Stria*). Le conseil d'État fit à l'espèce, il est vrai, l'application du texte spécial de l'art. 136 du décret de 1809 ; mais on a vu qu'il
avait été admis, dans la discussion de cette affaire, que la matière était, d'a-
près les principes et la jurisprudence, de la compétence du Préfet.

Nous devons dire cependant qu'il existe une décision antérieure, en date
du 27 août 1834 (Lamblin C. la commune d'Origny-Sainte-Benoîte), d'après
laquelle les traités de fournitures faits avec les communes seraient de la compétence de l'autorité judiciaire. Mais nous ferons remarquer que cette décision
ne peut faire autorité aujourd'hui, par la double raison qu'elle est contraire
aux principes qui régissent le contentieux administratif, relatif aux actes de
l'autorité municipale, contraire au principe de la séparation des pouvoirs, à
la doctrine, à la jurisprudence actuelle. Elle s'explique du reste facilement, si
on se reporte aux idées alors admises par le conseil d'État sur les actes de l'administration municipale. Le conseil d'État ne leur reconnaissait pas, quels qu'en
fussent la nature et l'objet, un caractère d'utilité publique. Il les considérait
comme des actes purement privés : aussi décidait-il que le contentieux des travaux communaux était de la compétence des tribunaux ordinaires. On peut voir
dans Lebon, 1838, p. 712, l'indication d'une série de décisions de 1821 à 1838,
qui admettent cette solution. Ce n'est que vers 1843 que la distinction entre
l'utilité publique communale et l'utilité publique générale a été définitivement
et très-nettement condamnée. On ne peut donc pas plus invoquer aujourd'hui,
dans notre matière, l'ordonnance de 1834 Lamblin, qu'on ne saurait se pré-

valoir des nombreuses ordonnances dont nous venons de parler, pour soutenir qu'actuellement les travaux publics communaux ne relèvent pas de la juridiction des conseils de préfecture.

Par ces motifs, l'avocat soussigné persiste dans les résolutions précédemment émises.

Délibéré à Paris, le 31 octobre 1859.

Signé : **MATHIEU BODET,**
Avocat à la Cour de cassation et au conseil d'État.